EL CINCO DE MAYO

POR **LINDA LOWERY**   ILUSTRACIONES DE **BÁRBARA KNUTSON**

Traducción de Julia Cisneros Fitzpatrick y Mercedes P. Castañer

yo solo

FESTIVIDADES

ediciones Lerner/Minneapolis

ediciones Lerner
Una división de Lerner Publishing Group
241 First Avenue North
Minneapolis, MN 55401 USA

Dirección en la red mundial: www.lernerbooks.com

Library of Congress Cataloging-in-Publication Data

Lowery, Linda
   [Cinco de Mayo. Spanish]
   El Cinco de Mayo / por Linda Lowery ; ilustraciones de Bárbara Knutson ;
   traducción de Julia Cisneros Fitzpatrick y Mercedes P. Castañer.
      p.   cm. — (On my own holidays)
   ISBN: 0-8225-3118-6 (lib. bdg. : alk. paper)
   ISBN: 0-8225-3119-4 (pbk. alk. paper)
   1. Cinco de Mayo (Mexican holiday)—Juvenile literature. 2. Cinco de Mayo, Battle
   of, Puebla, Mexico, 1862—Juvenile literature. 3. Mexico—Social life and customs—
   Juvenile literature. I. Knutson, Barbara. II. Title. III. Series.
394.262—dc22   2004027223

Hecho en los Estados Unidos de América
1 2 3 4 5 6 – DP – 10 09 08 07 06 05

para Kathy García, una amiga del alma
—L.L.

¡Piñatas repletas de caramelos!

¡Fuegos artificiales!

¡La gente baila por las calles!

¿Qué pasa?

¡Es el Cinco de Mayo!

El Cinco de Mayo es un día de fiesta
en los Estados Unidos y en México.
En día de fiesta, todos celebran.
El Cinco de Mayo es cuando
la gente recuerda
una batalla increíble que tuvo lugar
hace más de 100 años.

La historia del Cinco de Mayo
es una de valentía.
Es un relato de los soldados mexicanos
que cambiaron la historia, derrotando
al ejército más poderoso del mundo.
Es una historia de los pueblos de México
y de los Estados Unidos,
trabajando en conjunto.

Dos presidentes y un emperador
1861

México estaba cansado de las guerras.

Por cientos de años,

España había mandado en México.

Muchos mexicanos habían perdido la vida

luchando por librarse de los españoles.

Los españoles se marcharon en 1821.

Por el año1840, estalló una nueva guerra

entre México y los Estados Unidos.

México perdió la mitad de sus tierras.

En 1861, el pueblo mexicano

finalmente quedó en libertad.

Tenían un presidente mexicano.

Pertenecía a una tribu de indios

llamados Zapotecas.

Su nombre era Benito Juárez.

Juárez fue el primer indio que llegara a ser presidente de México.

Se había criado en la pobreza.

Era huérfano.

Trabajó de pastor para uno de sus tíos.

Benito puso empeño en sus estudios.

Fue a la universidad y se hizo abogado.

En 1861, Benito Juárez llegó a ser
presidente de México.

Demostró que hasta un pobre pastor
podía educarse y llegar a ser líder
de su país.

Juárez tenía esperanzas de que México
y los Estados Unidos se hicieran amigos.

Comenzó a escribirle cartas al presidente
de los Estados Unidos.

Abraham Lincoln era presidente
de los Estados Unidos.

Se puso muy contento al saber de Benito Juárez.

Lincoln y Juárez eran muy parecidos.

Abe Lincoln también había nacido en
la pobreza.

Se había criado en una cabaña de troncos
de árbol.

Había puesto empeño en sus estudios
y se había hecho abogado.

Ahora Lincoln encabezaba a su país,
y tenía que hacerle frente a una guerra.

Los estados del Norte estaban
peleando contra los del Sur.

Esta guerra fue llamada la Guerra Civil.

Lincoln estaba preocupado.

Sabía que el emperador de Francia
pensaba enviar soldados y armamentos
para ayudar a los estados del Sur.

Con esta ayuda, el Sur
probablemente ganaría la Guerra Civil.
Los Estados Unidos se convertiría
en dos países en vez de uno.

El nombre del emperador de Francia
era Napoleón III.

Su ejército era el mejor del mundo.

Sus uniformes eran nuevos.

Sus botas altas brillaban.

Sus armas eran mortíferas.

Napoleón era ambicioso.

Quería gobernar en toda la América Latina.

También quería que el Sur
ganara la Guerra Civil.

Entonces los Estados Unidos estarían débiles.

Francia sería la nación más poderosa del mundo.

Napoleón decidió atacar y conquistar a México.

Así podría hacer a su ejército cruzar la frontera

para ayudar al Sur.

El presidente Abraham Lincoln

estaba preocupado.

El presidente Benito Juárez

también estaba preocupado.

Sabían que si sus países iban a seguir siendo

libres, tendrían que trabajar en conjunto.

La batalla de Puebla

A fines de 1861,
barcos llenos de soldados franceses
cruzaron el Océano Atlántico.
Desembarcaron en México,
en un puerto llamado Veracruz.
Napoléon III mandó a sus soldados
a atacar la Ciudad de México.
La Ciudad de México es la capital del país.

Allí estaban el hogar de Benito Juárez
y la sede de su gobierno.

Por el camino, los soldados franceses
paraban en los pueblos
para comer y dormir.

Los mexicanos les tenían miedo
a los soldados franceses.

La lucha fue poca.

Los franceses empezaron a pensar
que los mexicanos eran unos cobardes.

Benito Juárez sabía que su gente
no era cobarde.
Sencillamente estaban cansados de pelear.
Pero había que hacer algo.
Juárez sabía que Napoleón quería reemplazarlo
con un elegante príncipe europeo.
Entonces los mexicanos no serían libres.
Napoleón también quería llevarse para Francia
el oro y la plata de México.

Peor que todo, él quería acabar
con el modo de vida mexicano.
Pero ¿qué podía hacer Benito Juárez?
No había dinero para entrenar a los soldados.
No había dinero para comprar armas y balas.
Todo lo que Juárez podía hacer era enviar
un pequeño ejército a intentar detener
a los franceses.
Los dos ejércitos se enfrentarían en Puebla,
una pequeña ciudad al este de la Ciudad de México.

Los mexicanos tenían unos 3,000 soldados.

Había 6,000 soldados franceses.

El ejército mexicano les pidió ayuda
a los campesinos.

Los campesinos llevaban sombreros de paja,

sarapes, y sandalias hechas a mano.

Como armas, no tenían más que

sus herramientas del campo.

Pero los mexicanos tenían

una fuerza muy importante.

Habían puesto sus corazones en esta guerra.

No estaban solamente protegiendo

sus tesoros de oro y plata.

Estaban protegiendo sus propios hogares

y sus propias familias.

Estaban protegiendo sus tradiciones.

Estaban protegiendo a todos los niños

que crecerían siendo mexicanos.

Era el 5 de mayo de 1862.

El ejército mexicano sabía que los franceses

pensaban atacar a Puebla ese mismo día.

Al amanecer, repicó la campana de la catedral.

Los campesinos echaron mano a las palas

y a los cuchillos afilados llamados machetes.

Corrieron a unirse a las tropas mexicanas.

Los campesinos y algunos soldados

se escondieron en trincheras

cerca de los dos fuertes de Puebla.

Mientras tanto, el ejército francés se detuvo
para tomarse el café de la mañana.
No habían tenido problemas en ningún
pueblo mexicano hasta entonces.
¿Por qué iban a encontrar problemas en Puebla?
Sabían que tan sólo los esperaba
un pequeño ejército miserable.
Ésta sería una batalla fácil.

Audazmente, los franceses asaltaron
los fuertes.
Se encaramaron por los muros de piedra
para dispararles a los mexicanos.
Los mexicanos les devolvieron el fuego.
Cientos de soldados franceses
rodaron por tierra.

Más soldados franceses corrieron
a escalar los muros.

A esos soldados también les dispararon.

Pronto a los franceses se les habían acabado
casi todas las municiones y balas de cañón.

¡Este ejército de mexicanos andrajosos
los estaba derrotando!

¿Cómo era posible?

De pronto empezó a tronar con gran fuerza.
Caían rayos y llovía a torrentes.
Los caballos de los franceses empezaron
a resbalar en el lodo.
Los hombres en las trincheras
salieron de un salto
y empezaron a disparar.

Los campesinos agitaron sus machetes
y desbandaron al ganado que estaba allí cerca.
Las reses embistieron a los soldados franceses,
que se resbalaban en el lodo asqueroso.
Al final de la tarde, los franceses
habían perdido la batalla.
Se dieron la vuelta
y regresaron hacia el este.

En Puebla, las campanas de las iglesias
repicaron toda la noche.

Los soldados mexicanos,
ayudados por los campesinos mexicanos,
le habían ganado a un ejército
dos veces mayor que el suyo.

¡Le habían ganado a un ejército
que no había perdido una batalla
en muchos años!

En cuanto recibió la noticia, Benito Juárez
hizo de la victoria una celebración nacional.

Después del Cinco de Mayo,
muchos mexicanos se vieron a sí mismos
de una manera nueva.

"¡Yo soy mexicano!" gritaba la gente.
Estaban orgullosos de ser mexicanos.
No estaban sin poder frente a los invasores.
Estaban decididos a gobernar a
su propio país.

Al pueblo mexicano le iba hacer falta
esa tenacidad.
Napoleón volvió a enviar a México
soldados franceses, más de 30,000.
Durante tres años, los mexicanos siguieron
batallando contra los franceses.

Durante ese tiempo, cada Cinco de Mayo
los mexicanos dedicaban tiempo a celebrar.
Con orgullo recordaban
su victoria en Puebla.
Les recordaba que tenían que ser valientes
y luchar por su mayor deseo,
un México libre.

Durante esos años, la Guerra Civil
continuaba en los Estados Unidos.

El Sur se hacía más pobre y débil.

Francia no podía ayudar al Sur.

Para tener a México bajo control,
Napoléon había enviado más soldados,
caballos, alimentos, y armas.

No tenía dinero extra para el Sur.

Mientras tanto, el presidente Lincoln
y el presidente Juárez
se mantenían en contacto.

En cuanto pudo, Abraham Lincoln
mandó armas de fuego y balas a México.

Cuando la Guerra Civil terminó en 1865,
Lincoln se apresuró a enviar soldados
a la frontera.

Ahora era Napoleón el que estaba preocupado.

Los Estados Unidos y México
estaban unidos.

¿Iba Napoleón a continuar esta guerra?

Decidió que no.

Finalmente, en 1867,

los franceses se fueron de México.

Nunca más ha vuelto un ejército europco

a invadir a las Américas.

¡Fiesta!

Desde el 5 de mayo de 1862,
los mexicanos y los estadounidenses
han sido buenos vecinos.
Unidos han luchado por la libertad
en muchas guerras.
Cada año, a ambos lados de la frontera,
celebramos el Cinco de Mayo.

La celebración más grande
tiene lugar en Puebla, México.
La gente se levanta temprano y se dirige
al Boulevard Héroes del Cinco de Mayo.
Allí, alquilan asientos
para ver el desfile.
Hay mucho ruido y mucha gente.

El sol está quemando.

Los vendedores gritan, vendiendo

algodón de azúcar, pompas de jabón,

y binoculares (anteojos de larga vista).

"¡Sombreros!" pregonan.

Hay parasoles de papel de colores vivos.

Los vendedores de globos llevan

nubes enormes de globos.

Al mediodía, comienza el desfile.
Pasan carrozas de mucho colorido,
demostrando con orgullo
la historia de México.
Las bandas escolares tocan canciones
que llevan meses ensayando.
Los soldados marchan en filas rectas.

Los niños se visten de campesinos.

Llevan machetes y palas.

Le gente aplaude y tira confeti.

Pedacitos de papel rosado, azul,

verde, morado y amarillo

llueven sobre el desfile.

Por la noche hay un espectáculo
en el famoso campo de batalla.
La gente se viste de soldados
y representa la Batalla de Puebla.

No usan municiones ni balas de cañón.

En su lugar, se tiran flores unos a otros.

Se tiran cáscaras de huevos llenas de confeti.

Fuegos artificiales estallan en el cielo

sobre los fuertes de Puebla.

En los Estados Unidos, el Cinco de Mayo
se ha convertido también en una gran fiesta.
No siempre había sido así.
En los años después de 1960,
los méxicoamericanos deseaban compartir
su cultura.
Estaban orgullosos de sus raíces mexicanas.
Comenzaron a celebrar el Cinco de Mayo.

Convidaban a los vecinos a que se divirtieran.

Ahora ciudades por todo Estados Unidos tienen

desfiles el cinco de mayo.

Algunas personas se visten de rojo, blanco

y verde, los colores de la bandera mexicana.

Otros se ponen trajes típicos

de los varios estados de México.

Las familias sirven
platillos mexicanos tradicionales.
Hay tacos y enchiladas
y bocadillos picantes.
Uno de los platos más famosos,
llamado mole, es de Puebla.
Es una salsa que contiene 40 ingredientes,
incluyendo chiles, especias y chocolate.

Los niños quiebran piñatas
repletas de caramelos, frutas y juguetitos.
La gente baila al son de las guitarras
y trompetas de los mariachis.
El día termina con fuegos artificiales,
espectáculos de luces láser, y conciertos.

El Cinco de Mayo,

los mexicanos y los estadounidenses

celebran juntos.

Celebramos al pequeño ejército

que ganó una increíble victoria.

Celebramos la comida, la historia
y la música del pueblo mexicano.
Celebramos a los buenos vecinos.
¡Viva el Cinco de Mayo!

Fechas importantes

Del año 300 al siglo XVI—Muchos grupos distintos de indios levantan hermosas ciudades y pueblos en tierras que más tarde serían parte de México.

1521—Las tropas españolas conquistan a México.

1810—El Padre Miguel Hidalgo proclama que México debe liberarse del dominio español.

1821—Los mexicanos se liberan del dominio español y crean a México, un país independiente.

1846—Los Estados Unidos y México entran en guerra.

1848—La guerra entre México y los Estados Unidos termina.

1860—Se elige a Abraham Lincoln presidente de los Estados Unidos.

1861—Se elige a Benito Juárez como el primer presidente de origen indio de México. Comienza la Guerra Civil de los Estados Unidos. El emperador francés Napoleón III envía tropas francesas a México.

1862—Los soldados mexicanos derrotan a las tropas francesas en Puebla el 5 de mayo. El presidente Juárez designa la victoria como un día de celebración para todos los mexicanos.

1863—Napoleón manda más tropas francesas. Los mexicanos luchan contra los franceses una y otra vez.

1865—La Guerra Civil de los Estados Unidos termina. Los Estados Unidos mandan materiales de guerra a México para la lucha contra los franceses.

1867—Los soldados mexicanos atacan a los franceses. Napoleón manda a sus tropas retirarse de México.

Los años 1960—Los méxicoamericanos comienzan a celebrar el Cinco de Mayo por todas partes de los Estados Unidos.